U0014439

特殊奧運
—— 羽球 ——

2018 特奧羽球運動規則
（版本：2018 年 6 月）

■ 羽球項目

　　羽球受到全球各個年齡層的喜愛，讓球員體驗速度變化、反應能力、肌肉力量與耐力考驗，是個歡樂的運動。這項新的奧林匹克運動帶給任何拾起球拍的人許多好處。

　　特殊奧林匹克羽球項目設立於 1995 年。

特殊奧林匹克羽球項目的不同之處

　　國際特殊奧林匹克運動會（以下簡稱特奧會）為使用輪椅的球員做了一些規則改變，讓使用輪椅的球員可以在左右發球場由頭頂發球。另外，特奧會也為了使用輪椅的球員將發球區縮短了一半。

相關數據：

- 於 2011 年有 82,175 位特奧會運動員參加羽球項目。
- 於 2011 年 63 個特殊奧林匹克成員組織舉辦羽球比賽。
- 揮拍時速紀錄是 206 英里。
- 羽球首次於 1992 年列為奧運項目。

比賽項目

- 目標發球
- 回扣球
- 回球
- 單打

- 雙打
- 混雙
- 融合雙打與混雙

協會／聯盟／支持者

羽球世界聯合會

特殊奧運分組方式

每項運動和賽事中的運動員均按年齡、性別和能力分組，讓參與者皆有合理的獲勝機會。在特殊奧運中，沒有世界紀錄，因為每個運動員，無論在最快還是最慢的組別，都受到同等重視和認可。在每個組別中，所有運動員都能獲得獎勵，從金牌、銀牌和銅牌，到第四至第八名的緞帶。依同等能力分組的理念是特殊奧運競賽的基礎，實踐於所有項目之中，包括田徑、水上運動、桌球、足球、滑雪或體操等所有賽事。所有運動員都有公平的機會參加、表現，盡其所能而獲得團隊成員、家人、朋友和觀眾的認可。

1 總則

正式特奧羽球運動規則將規範所有特奧羽球賽事。針對這項國際運動項目，特奧會依據世界羽球聯合會（Badminton World Federation）的羽球規則（詳見http://www.internationalbadminton.org/）訂定了相關規則。世界羽球聯合會或全國運動管理機構（NGB）之規則應予以採用，除非該等規則與正式特奧羽球運動規則或特奧通則第1條有所牴觸。若有此情形，應以正式特奧羽球運動規則為準。

有關行為準則、訓練標準、醫療與安全規範、分組、獎項、比賽升等條件及融合運動團體賽等資訊，請參閱特奧通則第1條：http://media.specialolympics.org/resources/sports-essentials/general/Sports-Rules-Article-1.pdf。

2 正式比賽

比賽項目包括基本比賽項目、個人比賽項目和團體比賽項目，旨在為不同能力的運動員提供比賽機會。各賽事可視情況決定所提供的比賽項目及視必要性訂定管理比賽項目之規章。教練可因應運動員的能力及興趣，選擇合適的項目加以培訓。

下列為特殊奧林匹克提供的正式項目：

個人技術賽

單人賽

雙人賽

融合（Unified Sports®）雙人賽

混合雙人賽

融合混合雙人賽

3 比賽規則

3.1　規則修改

- 使用輪椅的特奧運動員可以選擇於左側或右側發球區以高球發球。
- 使用輪椅的特奧運動員，其發球區長度將縮短一半。

3.2　融合雙人賽

- 雙人融合隊伍須由一名運動員與一名融合夥伴組成。
- 每隊應自行決定發球順序與場地選擇。

3.3　個人技術賽

- 以手餵球
    1. 餵球者（通常為教練）一次手持五個羽球，以擲飛標形式逐一將羽球擲向運動員。
    2. 運動員手持球拍嘗試擊球，每擊中一球可得 1 分
- 以球拍餵球（高球擊球）
    1. 餵球者（教練）手持五個羽球，以低手逐一將羽球擊至運動員上方。
    2. 運動員每擊中一球可得 1 分。
    3. 無論運動員是否擊中球，餵球者應立即擊出下一球。
- 連續向上擊球
    1. 運動員以球拍連續向上彈擊羽球。
    2. 限時 30 秒，每擊中一球可得 1 分。
    3. 若羽球落地，應交付另一個羽球給運動員，以繼續進行彈擊。
- 正手擊球
    1. 運動員站於場地中央的位置，而餵球者（教練）則站於網的另一側。
    2. 餵球者以低手發球，將球擊至運動員的正手位置。
    3. 運動員有五次機會嘗試以正手擊球，每擊中一球且球過網並落於場地界內，可得 1 分。

- **反手擊球**
  1. 發球與計分方式皆與正手擊球相同，惟餵球者（教練）應將球擊至運動員的反手位置。
- **發球**
  1. 運動員於發球區的任一側，嘗試發五球。
  2. 若無法以低手發球，可以高手方式發球。
  3. 每次發球若成功落於正確的發球區，可得 1 分。
  4. 球若落於發球區外，則得 0 分。
- **最終得分**
  1. 最終得分為上述六項個人技術賽項目的得分加總。

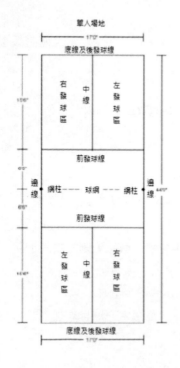

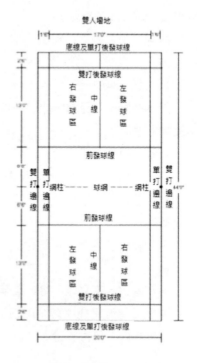

2021 國際特殊奧林匹克運動會 羽球教練指南

羽球賽季訓練與比賽的策劃

目錄

■ 羽球教練指南

目標和目的

　　目標設定是第一個也是最重要的策劃過程。可行度高但有挑戰性的目標對球員來說是很好的動力，不管是訓練時或是比賽中。目標可以建立與引導訓練與練習計畫。

　　運動的信心對於球員來說，可以讓他們的參與變得有趣，這也是重要的動力來源。

目標設定

　　訓練與比賽中的目標設定應由球員與教練共同完成。在訓練中完成比賽目標會讓球員有自信心，這也使得球員開心地參與運動，並更有動力。目標設定的主要特性包括：

- 目標應被視為成功的墊腳石。
- 目標需要有短期與長期的結構。
- 目標需要是被球員接受的。
- 目標應有不同的難易度－由簡到難。
- 目標應是可測量的。

　　清楚的目標與目的讓教練打造一個成功的計畫，球員也可以更有動力地完成一些短期目標。然而，不要害怕挑戰你的球員並讓他們參與目標設定的過程，讓球員知道為什麼要參與目標設定，像是問他們：「這一次練習你想要專注在哪一個部分呢？」

以下為有可能影響動力與目標設定的因素：

- 年齡適度
- 能力程度
- 準備程度
- 球員表現
- 家庭影響
- 同儕影響
- 球員喜好

以下提供教練提升球員的動力與維持球員正向的方法：

- 當球員學習遇到困難時，提供他們更多的時間與陪伴。
- 技術程度上的小成就也給予獎勵。
- 比賽輸贏結果外發展出別的成就的方式。
- 讓球員知道他們對你來說很重要並為他們感到驕傲。
- 讓球員擁有自我價值。

表現目標與成果目標

　　有效的目標側重於表現過程，而非成果。表現過程是球員可掌控的，成果常常是由別人掌控的。一位球員有可能表現出色卻輸了比賽，因為其他球員表現更好。相反的，一位球員有可能表現得很差卻贏得比賽，因為其他的球員較他遜色。如果一位球員的目標是在一場比賽中得兩分，那麼比起贏得比賽，他更能掌握達成目標的能力。表現目標能給予球員更多的掌控能力。

成果目標

　　成果目標可以為整個球隊帶來動力，他們可以是短期目標（贏得一場比賽）或是長期的（代表國家比賽）。

有可行性的目標

　　有效的目標是具有挑戰性的，但並非有威脅性的。一個有挑戰性的目標是有相當的困難度，但是透過適當程度的時間與練習，這個目標是可以被達成的。一個具有挑戰性的目標是超乎球員能力所及的範圍，而可行度的高低需要透過判斷才能決定。以一至二週前所測量的成績為基礎來設定可測量的目標，這樣較有可行性。

設定優先順序

　　有效目標的數量是有限的，對球員來說意義重大。設定有限的目標，需要由教練與球員共同決定什麼是重要的和基礎的，球員才能持續進步。經過選擇的目標可以讓球員與教練精準地記錄進度，並避免有太多瑣碎的記錄。

目標設定的好處：

- 增強球員的體適能
- 教導球員自律
- 教導球員其他活動也需要的技巧
- 提供球員自我表達與社交互動的方法

目標設定的原則

- 目標應該是具體的、清楚的。
- 目標應該是可測量的。
- 球員應該參與目標設定的過程。
- 目標應該是有挑戰性的，但是沒有威脅性的。
- 目標應該是可以隨著情況做調整的。
- 目標不應該只有一個，而是多個的。

- 目標應該有分球隊的與個人的。
- 目標應該常常被檢視並視情況調整。

羽球短期目標

建立一系列的短期目標可以幫助球員建立信心並達成長期目標。以下為短期目標的例子：

- 了解羽球專業術語。
- 學習於球隊中打球。
- 在打球中做決定。
- 學習羽球的安全守則。
- 學習羽球得分制度。

羽球長期目標

長期目標包括專精羽球技能、適當的社交行為與充分了解比賽的進行規則。以下附上更多的長期目標例子：

- 增進體適能。
- 增進身體協調性與效率。
- 對於羽球規則與比賽的了解。
- 個人技巧與策略。

目標評估表單

1. 目標是否有符合球員需求？
2. 目標是否以正向的句子構成？
3. 此目標是否為球員所能掌控，並只針對此球員的表現，而非其他球員？
4. 目標是否為表現目標而非成果目標？
5. 目標是否讓球員感到重要並且想努力達成？
6. 這個目標可以如何讓球員的人生有所不同？
7. 有什麼可能會阻礙球員達成目標的事情嗎？

羽球賽季訓練與比賽的策劃

在球季準備中，球員需要學習許多技巧，一個球季的訓練計畫可以教學更有系統與效率。我們建議只由一位教練指導所有的技能，這可以讓教練掌握住所有訓練的狀況並知道球員的運動能力或是疲累程度。

訓練一開始會涵蓋球員所需的基本技能，接下來便視情況增加學習速度，這樣球員才能儘快開始打比賽。有一個常見的狀況是球員有些技能比較強，有些還處在基礎階段。身為教練，您需要在策劃時便評估哪一些部分是球員更需要花時間練習的。

一個訓練計畫的制定

當新的球季要來到時，思考技能需求、體能需求，以及好玩與否等要素來制定一個成功的計畫。球員需要有充足的技能來成功參與比賽，有基本的體能來愉快地比賽，也需要一些好玩的活動幫助他們維持訓練中的動力。

訓練計畫範本

成功的訓練計畫包括賽季前、賽季中與賽季後的活動，以下為每個期間所需要包含的元素：

賽季前

- 參與羽球練習與課程
- 找到羽球場地
- 招募志工來幫忙接送、管理與指導球員。
- 打造一個以八週為期的訓練計畫。
- 確認所有的球員都完成必要的健康檢查並填妥相關文件。
- 有可能的話，在比賽前與有興趣的單位安排練習賽。
- 記錄賽季目標。

- 熟悉與身心障礙相關的急救程序，例如癲癇發作時的緊急處理。

賽季中

- 進行八週的訓練計畫。
- 策劃練習，並考慮依照球員狀態調整下一次的練習。
- 賽季中，策劃並使用對合作與競爭都有經驗增值的計畫。

賽季後

- 評量賽季前的目標是否達成。
- 請家長與球員都完成評量單。
- 列出球員完成的目標，並與家長分享。

八週訓練時間表範本

　　對年經人來說，最理想的練習時間為 45 分鐘至 75 分鐘，練習時間的長度可依照球員的年齡與技能決定。

　　以下八週的訓練時間表成功地將比賽所需之技能以及不同的球員能力納入考量，球員一週練習一次，一次約 1 個小時。這份計畫只提供當範本，請依照您的球員能力做調整。最好的狀況下，您可能有超過八週的時間可以培訓球員並打更多的練習賽。

第一週
第一階段練習	• 介紹以下技能 ∨ 防守與進攻的基本姿勢 ∨ 球拍握法 ∨ 正手上手揮拍 ∨ 反手上手揮拍 ∨ 交替上手揮拍 ∨ 搭擋上手揮拍 ∨ 下手短發球技巧 ∨ 下手對打、搭擋在中場 ∨ 下手對打、搭擋在網前（輕挑短球）

第二週
第二階段練習	• 複習下手發球與輕挑短球 • 教導預備姿勢 • 教導發高遠球 • 教導正手高手擊球 • 教導高手吊球、下手高遠球與吊球 • 高手擊球與吊球對打 • 網前短場比賽

第三週
第三階段練習	• 複習以下練習： ∨ 預備位置 ∨ 短發球 ∨ 長發球 ∨ 上手高球 ∨ 吊球 • 教導遠球 • 教導正手上手扣殺 • 單人對打

第四週
第四次練習	• 複習所有的揮拍 • 教導基本規則、計分方式、與單打策略 • 單人對打並使用單打規則計分

第五週	
第五階段練習	<ul><li>複習所有的揮拍</li><li>教導扣殺防守和反手高手高球</li><li>單人對打並使用單打規則計分</li></ul>

第六週	
第六階段練習	<ul><li>複習所有的揮拍</li><li>教導雙打</li><li>教導雙打規則和計分方式</li><li>單人對打並使用單打規則計分</li></ul>

第七週	
第七階段練習	<ul><li>複習比賽規則</li><li>比賽練習前的最後準備</li><li>單打和雙打的練習賽</li></ul>

第八週	
第八階段練習	<ul><li>安排比賽</li></ul>

　　理想狀態下，於八週的訓練後，球員應該繼續練習與打比賽。創造出一個適用於所有的狀況與球員的訓練計畫是一件困難的事，所以參考上面的訓練計畫之外，還需要做調整來更精確的符合球員的需求。

　　如果球員們能力差距很大，可以幫他們做能力分組，招募助理教練來協助各組的練習。

賽季後的活動

　　賽季後，您可能會繼續訓練想要晉級的球員們。另外，請完成以下事項：

- 答謝設施管理人
- 答謝助理教練群
- 答謝志工

　　其他的賽季後活動還包括：

- 將球賽的報導與照片提供給媒體
- 評量賽季
- 建立下年度的賽季訓練計畫

羽球的訓練要素

　　每一次的練習都需要有一些主題要素。每一個要素所需之練習時間取決於訓練的目標與時間分配。每一次的練習都需要以下要素：

☐ 熱身
☐ 複習前面教的技能
☐ 學習新技能
☐ 比賽經驗
☐ 表現講評

　　練習計畫的最後一個步驟是設計球員確切要做的事情。請切記，在設計練習的時候，運動與體能的內容需要是循序漸進的：

- 簡單到困難
- 慢到快
- 已知的到未知的
- 廣泛的到具體的
- 開始到結束（合理的進度）

有效訓練的原則

讓球員保持積極的狀態	球員需要注意聽。
創造清楚簡短的目標	球員若確切地知道他們需要會什麼,他們學習會變快。
給予清楚簡短的指令	示範可以增加教學的準確度。
記錄進度	與球員一起記錄進度。
給予正面鼓勵	強調並獎勵球員做得好的地方。
讓活動多樣化	讓活動多樣化可以預防球員無聊。
鼓勵球員享受過程	維持練習與比賽都是好玩的狀態。
創造進度	學習過程由以下方式前進時,學習會變得更順利: • 已知的到未知的一成功地發現新事物 • 簡單到複雜一看看「我」能做到哪一些 • 廣泛的到具體的一這使我更努力
計畫最大程度地利用資源	利用現有的資源,並隨機應變的創造出非現有的東西一是拿出創意的時候了!
允許個別差異	不同的球員,有不同學習速度與學習能力。

如何成功指導訓練

☐ 指派助理教練的職務與責任,讓他們協助您的訓練計畫。

☐ 可能的話,在球員到場前把所有裝備與練習點準備好。

☐ 介紹教練團與球員們。

☐ 與大家複習訓練計畫,若有任何行程上的變化,要通知球員。

☐ 若有天氣或是場地設施的變化,適度改變計畫,並留意球員的需求。

☐ 在球員無聊或是失去興趣以前,換下一個活動。安排短的練習與活動來維持球員的注意力。

☐ 讓練習的最後一個活動是有挑戰性又好玩的,球員會期待下一次的練習。

□ 一個活動進行順利時，在大家興致滿滿時喊停是有幫助的。

□ 練習結束前，為當日練習做總結並宣布下次練習流程。

□ 所有的練習活動都要以好玩為出發點。

如何安全指導訓練

　　教練有責任確保球員了解、理解、與尊重羽球有可能帶來的風險。球員的安全與健康是教練的首要考量。羽球通常不是危險的運動，但是運動傷害依然有可能發生。主教練有責任提供球員安全的環境，並減少球員任何受傷的可能。

□ 在第一次練習就樹立好清楚的規則，並強力執行這些規則。

- 管理好自己的手跟球拍。
- 聽教練的話。
- 聽到哨聲響起，停、看、聽。
- 要離開練習場地之前，先請示教練。

□ 確認球員每次練習都有自備水。

□ 隨時準備好齊全的急救箱，必要時補充庫存。

□ 查看急救和急救程序。在訓練和比賽期間，建議要有會心肺復甦術的人員在場。

□ 第一次練習時就將練習時的規則建立好。

□ 每次練習前都要適當的熱身與拉筋以預防肌肉受傷。

□ 訓練中提升球員的體適能。體力好的球員比較不容易受傷，讓球員在練習時間持續運動。

□ 確認所有的器材與裝備都可正常使用。

　　練習與比賽之前，教練有責任照顧好球員們的安全。場地空間、熱身、拉筋、技能訓練、比賽與收操等，各方面都需要留意球員的狀況。

安全準備

練習／比賽前

練習或比賽前，確認以下事項：

  v 場地是乾淨的嗎？

  v 急救箱在附近嗎？

  v 冰敷袋或冰塊準備好了嗎？

  v 緊急電話觸手可及嗎？

  v 附近有電話嗎？

  v 球員著裝適當嗎？

  v 球網安全地架好了嗎？球網在官方比賽的高度嗎？

  v 劇烈運動開始前，球員有充足的暖身跟拉筋時間嗎？

練習／比賽中

練習或比賽中，確認以下事項：

  v 確認場地上沒有球會危及到球員了嗎？

  v 球員與彼此有保持打球時的安全距離嗎？

  v 球員有聽指導練習嗎？

  v 練習中有喝水休息的時間嗎？

練習／比賽後

練習或比賽中，確認以下事項：

  v 球員有確實地收操跟拉筋嗎？

  v 球員有喝足夠的水嗎？

  v 球員有將器材歸位到適合的存放區嗎？

羽球練習賽

擁有越多比賽經驗，球員就越有機會進步。特奧會羽球用心致力於社區間的運動發展。比賽可以激勵球員、教練與球隊，所以盡可能地拓展或是加入比賽機會。我們的建議如下：

- 舉辦特奧區或是地區羽球賽事。
- 舉辦或參加社區中的特奧羽球練習。
- 詢問附近的學校或是社團，你的球員是否可以與他們一起練習。
- 帶球員去看大學或是社團比賽，也可以看電視上的轉播。
- 每一次練習的最後面都加入跟比賽有關的元素。

羽球練習的策劃

練習前，利用一些時間寫下所有人在練習中要做的事情；安排助理教練不同的工作，讓每個人都感覺自己是重要的。制定一些小目標讓球員在每次練習中完成，就算只是花費 15 分鐘去安排這些事項，練習也會變得更有品質。

在球季一開始，所有的球員都需要完成「運動技能評量」。這項測驗讓您了解球員的能力範圍，讓您可以更有效地為他們制定目標，並讓每位球員都知道自己最需要的訓練技能是哪些。

一場羽球練習需包含以下要素：

- 熱身與動態拉筋
- 指導，練習與有挑戰性的活動
- 體適能與／或體能訓練
- 收操與宣布事項

有規律的練習與準則對球員有很大的幫助，尤其對初級者而言。以下為一場練習的策劃：

要素	時間	活動
熱身與動態拉筋	10-15 分鐘	• 簡單的熱身（8-10 分鐘） • 動態拉筋（5-7 分鐘）
指導，練習與有挑戰性的活動	3-45 分鐘	• 複習與／或是教導新技能（著重在重點字與詞彙）。 • 示範可以輔助教學（技能教學與練習模式）。 • 分組進行練習。 • 巡視球員練習狀況，並於必要時給予糾正與指導。 • 發現球員技能進步時，給予適當的挑戰，像是讓球員試著重複打到一個目標點，或是打一場調整過的比賽。這些「實用經驗」應該應用在教學與練習之中，並且是很好的動力來源。實用經驗可以有競爭性或是以合作的方式進行，並可以單人、雙人或是小組練習。 • 當練習變得以動態練習為主，體能訓練會隨著技能練習逐漸增加。
體能訓練	5-10 分鐘	若練習時沒有足夠的運動量讓球員增強體能，這裡可以帶球員練習步法。每一次的練習都應該包括足夠的運動練習，並挑戰球員的體適能程度。透過運動練習達到體適能的進步比起個別的體能活動還要有趣，尤其對初級者跟中級者而言。
收操與宣布事項	5 分鐘	• 收操與拉筋 • 宣布事項 • 以喊球隊口號或是其他新的口號結束練習

如何策劃練習

1. 練習前，熟悉您要做的事情並想好要如何執行。
2. 給球員充足的時間熟悉新的技巧後，再往下教。
3. 彈性應對球員的需求。
4. 球員無聊或是失去興趣以前，換下一個活動。
5. 安排短的練習與活動來維持球員的注意力。
6. 讓練習的最後一個活動是有挑戰性又好玩的，球員會期待下一次的練習。

一場成功的練習有兩個重要元素：富有熱情和給予彈性。保持活動的挑戰性與樂趣，並時常給予球員正面的評論。

選擇隊員

傳統特奧會或特奧融合運動會成功的關鍵之一就是選擇適當的球隊成員。以下提供主要的注意事項：

性別組隊

只要有可能，球隊應該依性別進行分組。當不能以男女混合球隊參加比賽時，若女性運動員只願意參加女子組比賽，只要有可能，應依照運動員意願參賽。

能力組隊

傳統或融合羽球中，球隊合作最佳的狀態是當所有的隊員有相似程度的技能，羽球球隊應該由能力相當的隊員組織而成，具有能力過於優越的隊友或融合運動夥伴在場上時，比賽會由他們主導。這兩種狀況都會減少球員間互動和球隊合作，場上球員無法得到真正的競賽經驗。

年齡組隊

所有的隊員應盡量年齡相似。

- 21 歲以下的球員，年齡差介於 3 至 5 歲。
- 22 歲以上的球員，年齡差介於 10 至 15 歲。

在融合運動中打造有意義的參與經驗

　　融合運動秉持著特奧會的理念與原則，為了提供球員與運動夥伴有意義的參與經驗，每一位隊員都應發揮作用，並有機會為球隊貢獻。另外，所謂有意義的參與，指的是融合運動球隊內的互動與競爭品質。球隊中有意義的參與可以確保每位球員都有正向有益的體驗。

有意義的參與的指標

- 隊員於競賽中沒有造成自己或是別人的受傷。
- 隊員於競賽中遵守比賽規則。
- 隊員有能力與機會為球隊貢獻。
- 隊員知道如何與其他隊員合作，並讓能力較差的隊員進步。

何時無法達成有意義的參與

- 比起其他隊員擁有較強的能力。
- 在場上當起教練，而非隊員。
- 在關鍵時刻操控比賽。
- 平時練習不出席，只出席比賽。
- 為了不讓別人受傷或是掌控比賽而隱藏自己的實力。

運動技能評量卡

運動技能評量卡以系統化的方式評量球員，並幫助教練在開始球季練習前，了解球員運動時的技能程度。以下為教練應使用評量卡的原因：

1. 幫助教練決定球員參與的比賽種類。
2. 它可以當成球員訓練開始時的能力基礎。
3. 它可以幫助教練將球員分組。
4. 它可以測量球員的進步。
5. 它可以幫助決定球員的練習進度。

評量球員以前，教練需要完成以下事項：

- 熟悉主要技能的測試項目。
- 對於每個測試項目有精準的遠見。
- 觀察熟練的球員示範測試技能。

評量時，教練可以好好分析球員。開始時，向球員解釋他們需要做的技能；必要時，示範給他們看。

特奧會運動技能評量

球員名字		日期	
教練名字		日期	

指示：

1. 讓球員示範該技能數次。
2. 球員如果在五次的嘗試裡成功了三次，便在空格裡打勾。

握拍法
☐ 橫拍握法
☐ 移指握法
☐ 放鬆握法

基本揮拍
☐ 眼睛看球
☐ 輕鬆順勢揮拍
☐ 揮拍時扭轉前臂
☐ 拍面順勢揮向非持拍側

短發球（反手）
☐ 準備姿勢（兩腳平行站開、球與球拍就準備位置）
☐ 球放開並揮拍順暢
☐ 拍面隨球跟進到目標

準備姿勢
☐ 膝蓋微彎

□ 球拍拿起於身體前面
□ 身體重心平穩

回發球

□ 就準備姿勢
□ 眼睛看球
□ 對對方的發球動作能瞬間反應

下手平球

□ 球拍位置幾乎是平的
□ 持球拍的那一側腳在前面
□ 揮拍流暢

高遠發球

□ 準備位置（非持拍腳在後方，球拍位於後方）
□ 球放開並揮拍順暢
□ 拍面順勢揮向非持拍側

正手高遠球

□ 側身準備打球
□ 後腳出力推出揮拍動作
□ 揮拍動作完整
□ 持拍手與拍面順勢揮向非持拍側

正手高遠吊球

□ 側身準備打球
□ 後腳出力推出揮拍動作
□ 揮拍動作完整
□ 拍面隨球跟進（非常短暫的時間）

正手頭頂扣殺

- ☐ 側身準備打球
- ☐ 後腳出力推出揮拍動作
- ☐ 揮拍動作完整
- ☐ 與球的接觸點在球拍的前側，使擊球角度朝下
- ☐ 持拍手與拍面順勢揮向非持拍側

正手頭頂擊球

- ☐ 與所有正手擊球的方式相同的準備位置
- ☐ 球拍與球接觸點位於頭的後上方
- ☐ 前腳落地時會落在身體側邊而非身體正下方

反手高遠球

- ☐ 轉側身（甚至背對）球網
- ☐ 後腳（非持拍側）出力推出揮拍動作
- ☐ 以手肘帶動手臂揮擊
- ☐ 拍面隨前臂往外側旋轉

反手高遠吊球

- ☐ 側身準備打球
- ☐ 後腳出力推出揮拍動作
- ☐ 揮拍動作完整
- ☐ 非常小地隨球跟進

反手頭頂扣殺

- ☐ 轉側身（背對網）
- ☐ 後腳（非持拍側）出力將球推出
- ☐ 由手肘主導出力延伸至手臂揮拍
- ☐ 球與球拍接觸位於前方角度往下

□ 拍面隨前臂往外側旋轉

正手與反手抽球

□ 持拍腳在前

□ 擊球動作保持在身體前方

□ 讓球的飛行拋物線低平地越過球網上方

每日表現記錄

　　每日表現記錄是為了讓教練精準記錄球員學習新技能時的每日進度。以下為教練應使用每日表現記錄的理由：

● 記錄是球員永久性的進度記錄。

● 記錄可以幫助教練在訓練計畫中建立可測量的進度。

● 記錄可以幫助教練在實際教學和教學中有調整的彈性，因為他可以配合不同的球員，將記錄項目細分為更具體或更小的技能。

● 記錄可以幫助教練選擇適當的教學方式與體能訓練，並學習衡量球員的技能表現。

使用每日表現記錄

　　在記錄的最上方，教練將自己與球員的名字，還有測驗項目寫在上方。如果教練不只一位，他們可以在名字旁邊寫上教學日期。

　　練習開始前，教練決定當日的技能學習，依照球員的年齡、興趣與身心障礙決定。技能需要為一段敘述，解釋當日特定的訓練項目。教練將技能填寫在表格的左上方，往後的技能則在球員學會一項技能後，依序記錄。當然，有可能一張記錄表是不夠用的。另外，如果一位球員無法學會技能，教練有可能需要將技能分成細項才能幫助他們學習。

學會技能的條件與標準

　　一旦教練要開始教一項新的技能，他必須決定球員在什麼樣的狀況

與條件下能夠掌握這個技能，才算是真正學會。這裡所謂的狀況指的是特殊的情況，舉例來說，教練需要假設球員最好可以在「根據指令，且沒有他人協助的情況下」完成一項技能展現，所以教練不需要將「在有他人協助的狀態下展現一項技能」的表現寫在記錄內。理想的狀況下，教練需要安排這些技能和狀況，讓球員逐步學習到可以根據指令，且不需要協助的程度。

條件是完成技能的標準。教練需要制定適合球員的身心障礙，且可行性高的標準。

練習日期與教學程度

教練有可能需要多日來教導一個項目，也可能需要用不同的方法引導球員從需要協助的狀況到不需要協助的狀況完成一項技能。為了要幫球員打造一個有連貫性的課程，教練需要記錄每一個項目的學習日期與方法。

羽球服裝

比賽的球員應穿著適當的羽球服裝。教練需要與球員討論適當與不適當的練習與比賽服裝,並與球員討論適當服裝的重要性,以及各種羽球服裝在比賽與練習中的優點與缺點。譬如說,穿著長短牛仔褲是不適當的。教練必須對球員解釋,穿著牛仔褲打球無法適當發揮能力,因為牛仔布會阻礙他們的行動。給球員們看羽球賽事中的穿著。您也可以自身穿著羽球服,或是不給予穿著不適當的球員獎勵。

運動衫

T 恤和有領子的 polo 衫是羽球練習與比賽中常見的服裝。買球衣時,選擇舒適、吸汗並讓肩膀可以舒適伸展的上衣。

VIDEO COMING SOON

運動鞋

打羽球需要適當的運動鞋。選擇鞋子取決於球場表面與球員偏好。建議選擇支撐腳踝、腳跟、與腳底的羽球鞋。

VIDEO COMING SOON

襪子

襪子的長短對於羽球的練習或比賽並沒有特別的影響,但是應該要吸汗。腳容易起水泡的球員應該穿著兩層襪子。

VIDEO COMING SOON

短褲

建議在練習或比賽時,穿著舒適並適合運動的短褲。女性球員也可以選擇穿網球洋裝或是上衣搭配裙子。

VIDEO COMING SOON

羽球裝備

羽球裝備的品質好壞差異很大，有的是在自家後院運動就夠用的，也有專業運動員等級的。選擇裝備時，最重要的就是持久性。球員需要認識並了解裝備帶來的安全與表現。讓球員念出各種裝備的名稱；為了加強觀念，讓他們自己選裝備。

球拍

現今的球拍由硼、碳、石墨和金屬等多種材料製成，價格範圍很大。羽球中使用的大多數球拍都很輕，重量在 3.5 至 4.2 盎司之間。大多數球拍都穿尼龍線，價格便宜且耐用。

VIDEO COMING SOON

許多羽球商店都可以修理斷掉的球拍線，並可以根據球員的喜好調整穿線的張力。球員應該選擇握力大小適合手感且重量剛好的球拍。剛開始時，皮革握把提供了良好的握法，還可以使用各種毛圈布、橡膠或泡沫抓地套，以幫助保持良好的抓力。最終，球員喜歡自己的球拍，就可以發揮出自己的最佳狀態。

羽毛球

塑料、尼龍和羽毛是三種製作羽毛球的材料。出於耐用、價格和性能考慮，建議在練習和比賽中使用尼龍製的羽毛球。

VIDEO COMING SOON

2021 國際特殊奧林匹克運動會 羽球教練指南

教導羽球技能

目錄

熱身

　　熱身是練習或準備比賽時的第一個環節。熱身要慢慢地開始，逐漸動用到所有的肌肉群和部位。熱身可以讓球員心情上準備好要運動之外，也有一些生理上的益處。

　　運動前的熱身是不容忽視的，它可以讓體溫升高，讓身體裡的肌肉、神經系統、肌腱、韌帶、與心血管系統準備接下來的各種劇烈動作與運動。有彈性的肌肉可以減少受傷的機率。

熱身

- 提升體溫。
- 增加代謝率。
- 增加心臟與呼吸率。
- 預備肌肉與神經系統來做運動。

　　熱身是針對接下來要進行的活動制定的。熱身始於動態活動，進階至較劇烈的活動，以提高心臟、呼吸、代謝率。一套完整的熱身需要至少 25 分鐘，並安排於練習或比賽之前。熱身應包含以下基本程序：

活動	目的	時間
有氧慢走／快走／快跑	活絡肌肉	5 分鐘
拉筋	增加身體可以伸展的範圍	10 分鐘
羽球所需要的拉筋	針對稍後的練習與比賽做準備	10 分鐘

有氧熱身

有氧熱身包含一些輕鬆的運動，比如走路、慢跑、走路時手劃圈與開合跳。

走路

慢走／慢跑是第一項運動。球員透過快走／慢跑來活絡肌肉。這時血液循環通過所有的肌肉，讓肌肉有更大的伸展彈性。熱身唯一的目的就是循環血液並活絡肌肉，為接下來更劇烈的運動做準備。

快跑

快跑是第二項運動。球員滿跑 3 至 5 分鐘便開始活絡肌肉。這時血液循環通過所有的肌肉，讓肌肉有更大的伸展彈性。但是，跑步從開始到結束，不可超過球員能力的 50%。切記：這個階段的熱身唯一目的就是循環血液並活絡肌肉，為接下來更劇烈的運動做準備。

拉筋

拉筋是熱身裡最重要的關鍵之一。柔軟的肌肉是健康又強壯的，強壯的肌肉讓球員反應較快，並有助於防止受傷。請參閱〈拉筋〉章節內更多詳細信息。

特別針對賽事準備的操練

操練是為了指導運動技能而設計的。運動員從低階能力開始練習，進階到中等程度，最終達到高階能力。鼓勵每個運動員達成他們所能達到的最高水平。操練可以與熱身相結合，並引入特定技能發展。

透過重複執行分段的練習來學習並增強技能。很多時候，動作要儘量做大，以增強執行該技能的肌肉。每個教練課程都應該引導運動員經歷整個操練過程，以使他／她具備完成賽事的所有技能。

羽球需要的拉筋

以下為針對羽球運動所需要的特別拉筋：

1. 向後慢跑
2. 腳跟走路並手臂劃圈
3. 腳尖走路並轉肩膀
4. 膝蓋往前抬（至胸部）走路
5. 腳跟往後抬（至臀部）走路

VIDEO
COMING
SOON

收操

雖然收操與熱身一樣重要，卻常常被忽視。突然地停止一項活動會讓球員身體裡原本快速循環的血液淤積，並讓代謝突然變得緩慢。這有可能造成特奧會球員抽筋、肌肉痠痛等其他的問題。收操是為了讓體溫與心跳以緩和的方式下降，也可以幫助身體快速恢復，有助於下一次的練習或是比賽。

收操也是教練與球員談話的時候，可以針對當日的練習與比賽講評。

活動	目的	時間
有氧慢跑或快跑	降低體溫與心跳	5 分鐘
輕微拉筋	代謝掉肌肉裡的廢物	5 分鐘

拉筋也是收操的一部分，可以預防球員的肌肉過於緊繃，並幫助運動後的肌肉復原。拉筋也可以預防受傷，讓肌肉可以繼續伸展與有彈性。

動態拉筋

靈活性對於球員在訓練和比賽中的最佳表現是很關鍵的,球員可以透過拉筋來增加肌肉的柔軟度。在練習或比賽開始前,進行一些簡單的拉筋、再開始有氧慢跑。

動態拉筋透過特定運動或健身的方式讓體溫升高,是由一系列的動作串成的肌肉伸展方式。動態拉筋幫助球員準備好接下來的活動,也可以達成以下效果:

- 增加力量
- 增加彈性
- 增加球員身體可以伸展的範圍

動態伸展與彈震伸展不同;彈震伸展有可能讓肌肉過度伸展,這會使球員受傷。動態伸展讓手臂與腳的動作都在球員掌控之中的慢慢延展,並不會讓肌肉過度伸展。

有些球員,譬如說唐氏症患者,有可能肌肉張力較弱,以至於他們看起來身體較柔軟。要小心勿讓這些球員過度拉筋。

動態伸展應該在暖身後、練習/比賽前實行,並依照球員當天的需要而調整。

以下為適用於羽球的動態伸展。每一個動作的一開始都請輕輕做,重複幾次之後再開始將動作放大:

臀大肌動態伸展

以雙手抱著右膝,將右膝往胸前拉,左腳勿打直鎖死。將右膝釋放後,右腳往前跨一大步。左邊重複動作。

> **VIDEO**
> **COMING**
> **SOON**

擺腿

這種動態的伸展動作可以放鬆大腿後肌。首先以筆直的姿勢站立,

慢慢地抬高／擺動左腿，碰觸向前伸展的左手，左腿盡可能打直。左腿落地前進一步並換邊做。重複 15 次。

VIDEO COMING SOON

前跨步伸展

往前跨步時將一膝帶到胸前。將膝蓋抱到胸前時，踮起另一腳的腳趾。前腳放回地板上時，後腳向前延伸成弓箭步。重複換邊做 15 次。

VIDEO COMING SOON

扭腰後背伸展

呈站姿，腳站比肩寬，往前彎腰，以左手碰右腳，右手於頭頂上方伸直。扭轉核心，並用右手碰左腳，左手於頭頂上方伸直。身體轉的時候，頭也必須跟著扭轉。重複 15 次。

拉筋—快速指南

輕鬆地開始

等球員都已放鬆，肌肉也活絡後再開始。

有系統地規劃

拉筋由上半身進行到下半身。

由大肌群轉為特定肌肉部位

由大區塊開始拉筋，後而進入到特定運動所需之肌肉部位。

由簡單到深入

拉筋的進度應是緩慢的。

勿為了拉筋更深層而做彈跳或是大力拉扯的動作。

多樣化

讓拉筋有趣，用不同的練習來伸展同樣的肌肉群。

自然呼吸

不要憋氣；冷靜放鬆。

容許個人不同的進度

每位球員剛開始的能力與進步的速度會有所不同。

規律的拉筋

練習應包含前後的拉筋時間。

安全考量

教練應該建議球員在整個訓練期中飲食均衡，並注意對運動員構成健康風險的幾種狀況。

脫水

脫水是人體正常機能所必需的水分和鹽分的流失。

脫水是由於攝入的液體不足，使人體損失的水分超過攝入的水分。脫水會嚴重破壞維持健康細胞和組織所需的水分／鹽分平衡。

只需 30 分鐘運動就會出現脫水現象，尤其是天氣炎熱時。身體依靠出汗來散發運動時肌肉產生的熱量，並有助於保持運動員的核心體溫。讓核心體溫保持在安全範圍內是防止與熱相關傷害的關鍵因素。在劇烈運動中維持熱量流失所必需的出汗量不可避免地會導致脫水，除非攝入足夠的液體。

脫水會削弱球員的表現，如果不改變習慣還有可能會導致死亡。脫水是與熱有關的疾病（如熱衰竭和中暑）最常見因素之一，每年都有中暑及中暑導致死亡的案件發生。

脫水的最嚴重後果是散熱能力降低，這可能使核心體溫升高到危險的程度，從而導致過熱和潛在的致命中暑。

劇烈活動需要足夠的液體／電解質替代，否則會發生脫水。如果不採取正確措施，氣候條件和／或運動強度過大會使人迅速脫水。

嘔吐、腹瀉、發燒、利尿劑、疾病、各種藥物（例如消炎藥）體能低下、睡眠不足，缺乏熱適應性、在陽光下待太久、沒有足夠的水分補充，與酒精和咖啡因都是導致脫水的因素。

球員持續進行超過 30 分鐘的任何活動都有脫水的危險。如果沒有適當補水，人體可能會很快失去水分和其他必要元素，而產生罹患腎臟病甚至死亡的危險。兒童由於身材矮小，脫水的風險更高。對於所有運動員來說，一旦開始脫水，情況就會很快惡化。

脫水的徵兆和症狀

- 頭痛
- 頭暈
- 思緒混亂
- 手腳笨拙
- 出汗過多
- 口渴（這不是一個很好的指標；通常口渴時，已是脫水狀況）
- 深色尿液
- 抽筋
- 皮膚變紅
- 微弱的不規則快速心律
- 低血壓
- 虛弱
- 感覺冷
- 喘而淺呼吸

防止脫水的方法

- 運動前、運動中和運動後喝水。
- 穿著適合溫度的衣服。
- 適應熱量。
- 避免某些藥物。

　　避免脫水的最佳預防措施是適時補充水分。補充水分的良好指標是排出大量清澈的尿液。

熱衰竭

　　熱衰竭的特徵是核心體溫和心率增加。熱衰竭的人也可能表現出疲

47

勞，虛弱，頭暈，頭痛，噁心（有時嘔吐）和肌肉痙攣。

中暑

　　中暑的特徵是核心體溫很高，皮膚發紅和不出汗。中暑是熱傷害最危險的，如果不及時救治會導致中風甚至死亡。

教導羽球技能

　　羽球運動是一項美妙的運動，需要手眼協調、擊球技巧和快速動作，並隨著羽球的方向來改變自己的方向。以下基本技能對這項運動至關重要：

握拍

　　首先要以正確的握法握住球拍，這一點很重要。這使運動員能夠學會擊球技巧，並將其轉化為成功的比賽方式。

　　初學者握球拍時，好像拿著平底鍋，但這是不正確的。這樣的握法，拍面與地板平行，食指和拇指之間形成的 V 位於球拍握柄的上方。初學者也很難判斷拍面與球的關係。

　　中級者知道正確的握法，並展示正確的握拍位置。他們將能夠連續擊球 10 至 20 次。

　　以下為握拍的教導方式：

1. 用非慣性手拿著球拍中管。
2. 將慣用手的手掌放在球拍網線上，並往下滑至握柄部位，好像在握手一樣。
3. 將食指稍微與其他的手指分開，好像扣板機的樣子。
4. 大拇指與食指應該在球拍上形成 V 字，而拍面垂直於地板（砍柴的樣子）。

　　這個握拍法是最基本的正手與反手握拍法，主要的變換方式是於反手的時候將人拇指由握柄後方往上移。

VIDEO COMING SOON

握拍練習

羽球平衡練習

讓球橫躺在球拍上，以上述的握手法握拍，在做各種不同運動的時候（走路、慢跑、小跳、前跳、高跳）維持球的平衡。

鬼抓人練習

邊握著球拍平衡著球，邊玩鬼抓人。為了安全，奔跑範圍限制為半個球場。

拋接練習

以慣用手拋球並用球拍接住，正面反面都要練習，也可以試著拋遠一點，並移動自己的位置去接球。試著連續接到 10 個。

VIDEO COMING SOON

常見握法錯誤

錯誤	修正練習
難以判斷拍面與球的關係	拋接練習

輔導技巧

1. 給球員許多機會練習自己拋接，這是一個很好的手眼協調練習，也可以讓您檢查球員的握拍法是否正確。

2. 如果握拍對球員來說很困難，可以試著用 10 到 16 公分的軟球或是短一點的球拍。

技能進度：握拍

球員知道如何	不會	有時候	常常
以正確的握手姿勢握拍			
判斷球拍與球的關係			
拋球後用球拍接球			
正拍反拍都接得到球			
總和			

基本下手揮拍（向上擊球）

　　下手揮拍是羽球中非常重要的技能，因為所有的對打都是由下手起始。通常學會下手揮拍比學會發球簡單。

　　初學者對判斷球拍面與球的關係會有困難，中級者有辦法持續將球打給自己。

下手正手揮拍

以下為教導基本下手正手揮拍的方法：

1. 將球放在拍子上，感覺一下打球時球拍應該離自己的身體多遠。
2. 持拍那一側的腳在前，將球拋出去。腳維持在前方，模擬比賽中下手揮拍時的腳步。反手揮拍與發球時，則是另外一隻腳在前方。
3. 將球拍從身後揮出去到一個平面的接觸點。
4. 球揮出去後，球拍隨球至反邊的耳朵部位，球拍拍頭指向身後。試著用力揮出聲音。

VIDEO
COMING
SOON

下手反手揮拍

以下為教導基本下手反手揮拍的方法：

1. 將球放在拍子上去感覺打球時拍子會離自己的身體多遠。
2. 拿拍那一側的腳在前，將球拋出去。
3. 由身體的反側揮拍出去到一個平面的接觸點。
4. 球揮出去後，球拍隨球至拿球拍側，球拍朝上指。試著用力揮出聲音。

VIDEO
COMING
SOON

基本下手揮拍練習

單人連續向上擊球

1. 將球放在球拍面上並連續向上擊球。
2. 由低逐漸往高打。
3. 試著以正手與反手都擊球。
4. 試著連續擊球 10 次，正手或反手。
5. 試著連續擊球 10 次，正手與反手交替。

雙人連續向上擊球

1. 與搭擋站離 3 到 5 公尺遠，其中一人將球向上 。
2. 兩個人輪流向上擊球，越多下越好。
3. 連續 25 下的次數是個很好的成績，但是可以先由 10 下開始。

VIDEO
COMING
SOON

常見握法錯誤

錯誤	修正練習
難以判斷拍面與球的關係	單人連續向上擊球

輔導技巧

1. 提醒球員要看著球落到拍上，揮拍動作輕鬆。
2. 正手與反手的揮拍，最終球拍都會停在反側。

技能進度：基本下手揮拍（向上擊球）

球員知道如何	不會	有時候	常常
判斷球拍與球的關係			
以正確的下手正手揮拍			
以正確的下手反手揮拍			
總和			

低短發球

　　低短發球是單打或雙打很有效的比賽開場方式，它與下手揮拍的道理相同，但是球需要去對角的發球區。

　　初級者抓球落下來與揮拍的時機會有困難。中級者可以連續成功抓到揮拍時機。

正手短發

　　以下為教導正手短發的方法：

　　1. 稍站側身，非持拍側的腳站在前面。

　　2. 非持拍手握著球頭，球拍拿至身體後方，並把球放掉。

3. 揮拍至前腳外側的接觸點。

4. 球拍與球接觸後，隨球至身體反方，但不用過多。

VIDEO COMING SOON

反手短發

以下為教導反手短發的方法：

1. 球員身體與球網平行，腳與肩同寬。

2. 手微彎並拿著球裙，在腰際的高度。

3. 球拍拿低，於身體的反方。

4. 將球放掉並將球拍往前推。

5. 隨球動作極小，因為不需要大力。

VIDEO COMING SOON

低短發球練習

短發目標練習

1. 選擇離發球區的發球線後的一個區塊當目標。

2. 用正手或反手試圖將球發到目標區。

3. 一開始的目標設定在 10 顆要進 5 顆。

4. 進步後將標準提高。

「T」目標練習

1. 以中線和短發球線為兩邊，找出 30 平方公分的區域。

2. 一開始的目標設定在 10 顆要進 5 顆。

3. 進步後將標準提高。

VIDEO COMING SOON

常見低短發錯誤

錯誤	修正練習
抓不到球落下來與揮拍的時間點	短發目標練習

輔導技巧

1. 發球有時候會令球員煩躁，所以教練要保持正向和有耐心。
2. 讓球員選擇他們喜歡的發球方式（正手或反手）。

技能進度：低短發球

球員知道如何	不會	有時候	常常
抓球落下來與揮拍的時間點			
正確的正手短發			
正確的反手短發			
總和			

準備姿勢

就準備位置對於球員的表現至關重要。

初學者會傾向於將球拍拿在腰部以下，並保持雙腿筆直的姿勢。中級以上的球員運已有習慣隨時就準備姿勢，球拍保持在腰部以上，並且雙腿和軀幹處於彎曲狀態。

教導準備姿勢時，示範正確的發球、接球、與準備回球的準備姿勢。

VIDEO COMING SOON

準備姿勢練習

練習就各種狀況擺出正確的準備姿勢。

常見短發錯誤

錯誤	修正練習
球拍拿低於腰部	練習隨時保持球拍高於腰部
雙腿站直	練習腿要彎曲並保持彈性

輔導技巧

使用幽默的方式去提醒球員準備姿勢的重要性。

技能進度：準備姿勢

球員知道如何	不會	有時候	常常
就發球準備姿勢			
就準備接發球與回球的準備姿勢			
總和			

回發球

球員需要會回發球才能成功地享受打球的樂趣，知道如何回短發或是長發都是重要的。

初學者在接球上會有困難。中級者能夠將球打返回對手的場地。

以下為教導基本下手正手揮拍的方法：

1. 球員應該站側身，非持拍側的腳在前面。

2. 一旦球觸及球拍，接球的人就要往球的方向移動。

3. 如果球落在網前區,叫球員往前移動,並注意揮拍力道。

4. 如果球飛到後場,可以以頭頂高球方式回擊。

回發球練習

回短發目標練習

1. 於對場劃分出六個區域(如下圖),每一區約 1 平方公尺。
2. 進步時可以縮小區域面積。
3. 困難時可以擴大區域面積。
4. 一人發球,另一人試圖回球到六個目標區域裡。
5. 球員應該練習一個區域幾次後,再嘗試別的區域。
6. 若球員進步有四到六成的成功率,可以指定球員回球的區域。

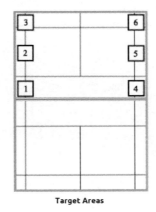

Target Areas

回長發目標練習

使用跟短發目標練習一樣的方法，並可以高遠球、吊球與殺球。

常見短發錯誤

錯誤	修正練習
無法穩定地接到發球	回短／長發目標練習

輔導技巧

1. 發球與回發球應該是每次練習的重點之一。如果球員或是雙打的球員無法來回打球，球賽很難進行下去。在練習中，隨機置入發球與回發球的練習，這也是讓球員暫緩劇烈運動的機會。
2. 發球與回發球練習可以放在練習的開始與結束，如果舉行一些小比賽的話，球員可以更有動力。

技能進度：回發球

球員知道如何	不會	有時候	常常
穩定地接發球			
將球回至對場			
總和			

下手網前對打

下手網前對打讓球員在球網前將球輕推到對面。

初級者通常會把球打過高或是推太後面。中級者可以將推出去的球維持在球網上方，並落在發球線以前。

以下為教導基本下手正手揮拍的方法：

1. 以握手法握拍。

2. 與球的接處點儘量保持在網子的上方。

3. 持拍側的腳往前跨步。

4. 揮拍時，短短地揮或是不用轉身的力量就將球推去網子的對面，場後方的球才會需要背部力量。

VIDEO COMING SOON

下手網前對打練習

正對面拋球練習

1. 兩人隔著球網，站在彼此正對面。

2. 共用一顆球，一人輕拋球到網子的對面，另一人以下手網前吊球的方式回球。

隨機拋球練習

跟上一項練習方式一樣，但是拋球時可以拋到對場內任何地方。

合作網前對打練習

1. 由短發球開始對打。

2. 雙方都站在發球線前連續來回對打，越久越好。

3. 對打到一方漏接。

4. 可以建立個人進度記錄。

VIDEO COMING SOON

網前對打比賽遊戲

與上一項活動一樣,但是比賽的方式,是要試圖讓對方接不到球。

常見下手網前對打錯誤

錯誤	修正練習
球打太高	合作網前對打練習
球打太遠	合作網前對打練習

輔導技巧

下手網前對打很好玩,所以教導時可以融入練習、遊戲與比賽讓球員覺得精彩。

技能進度:下手網前對打

球員知道如何	不會	有時候	常常
將球以正確的高度打越過網			
將球以正確的深度打越過網			
總和			

高遠發球

高遠發球可以用於單打與雙打比賽，成功的關鍵是將球打至對場後方。

初級者通常無法將球打到場後方。中級者可以發球至少 3 公尺高並接近雙打的底線。

以下為教導基本下手正手揮拍的方法：

1. 側身並且雙腳跨開，非持拍腳在前方。
2. 就準備姿勢，拍子握在身後，手腕舉起。
3. 將球握在身體斜前方，約腰高的位置。
4. 球落下時，下手順暢地用力揮出。
5. 擊球點應位於前腳膝蓋位置。
6. 球拍隨球後的位置朝上，在另一側的肩膀。

> **VIDEO**
> **COMING**
> **SOON**

高遠發球練習

打牆練習

1. 球員站在離牆壁 1.75 至 2.5 公尺的位置，朝牆壁用力發球。
2. 教練可以短時間內觀察球員姿勢。
3. 球員可以多次發球增強精準度與力道。
4. 於牆上 1.5 公尺高處貼彩色膠帶可以幫助球員拿捏真實球網高度。

> **VIDEO**
> **COMING**
> **SOON**

高遠發球目標練習

1. 在場後方 1.5 公尺處設立目標區。球員應該要 10 顆發球中，將 7 顆發球打進目標區，發球高度應至少 3 公尺。
2. 若要將練習更有挑戰性，可以在目標區中另設一個 60 公分的新目標區。

高遠發球常見的錯誤

錯誤	修正練習
無法將球打過中場	高遠發球目標練習

輔導技巧

　　高遠發球是件困難的事。遇到困難的球員，可以讓他們由短一些的目標開始，再逐漸拉長。

技能進度：高遠發球

球員知道如何	不會	有時候	常常
將球發過中場			
總和			

正手頭頂高遠球

正手頭頂高遠球可能是比賽中最重要的技能之一，幫助球員將對手壓制在後場。

初學者無法使用熟練的投擲動作完成高遠球，也會對於要將球打過後場感到困難。中級者可以使用熟練的投擲動作完成高遠球，並可以將球打過後場。

以下為教導基本下手正手揮拍的方法：

1. 站在場中位於底線與中場的位置。

2. 球來時，將非持拍手舉高。

3. 用後腳用力向上推至揮拍的手。

4. 扭轉身軀，並將手臂延伸，從手肘出力揮拍。

5. 與球的接觸點在全身延展出去的最高點。

6. 球拍隨球後的位置於身體另一側。

VIDEO
COMING
SOON

正手頭頂高遠球練習

遠距離揮拍練習

一人高手發球,另一人以正手頭頂高遠球回擊,越遠越好。回球高度至少要 3 公尺。

合作正手頭頂高遠球對打練習

兩人試著以正手頭頂高遠球對打,打越久越好。

高遠球比賽

兩人以高遠球對打,越遠越好。這會幫助球員在比賽時抓時機與力道,將球從自己的後場打去對方的後場。

VIDEO
COMING
SOON

繩子練習

於發球線跟底線的中間拉一條高 3 公尺的繩子,球員需要將球打過這條線。這可以讓球員看到比賽時的高遠球應該多高。

常見正手頭頂高遠球錯誤

錯誤	修正練習
揮拍投擲動作不夠完整	高遠球比賽

輔導技巧

所有的頭頂高遠球都會有揮拍的聲音。如果球員對於投擲的動作有困難,可以讓他們練習拋接羽球來練習。

技能進度：正手頭頂高遠球

球員知道如何…	不會	有時候	常常
揮拍投擲動作完整			
總和			

正手頭頂吊球

　　正手頭頂吊球對於在後場的球員非常有利，因為對手會被調到網前的位置，而造成對手後場有空擋的狀態。

　　初學者會正對著球網揮拍，而不會轉肩側身揮拍。中級者懂得如何轉肩側身揮拍，並將球打到對方的前場。

　　以下為教導基本正手頭頂吊球的方法：

　　與正手頭頂高遠球的教學方式相同，但是隨球時間比較短，而且與球的接觸點也比高遠球較為前端。

VIDEO COMING SOON

正手頭頂吊球練習

一桶球練習

　　準備大量（用過的）球一次次發球給球員。接球的球員嘗試以正手頭頂吊球回球，回球點落在對面場地上事先準備好的呼拉圈內。

持續吊球練習

　　兩人持續以正手高遠球與正手吊球對打，打越久越好，並可以換角色。

常見正手頭頂高遠球錯誤

錯誤	修正方式	修正練習
打球時正對球網，沒有轉肩側身	練習投擲動作	持續吊球練習
落球點不穩定	N/A	一桶球練習

輔導技巧

　　吊球可以快也可以慢，慢的吊球落點應該離球網非常近，而快的吊球可以落在離發球線約 1.25 公尺的位置。兩種打法都可以融合在不同的策略中。

技能進度：正手頭頂高遠球

球員知道如何	不會	有時候	常常
穩定地將球送到中場前			
總和			

正手頭頂殺球

正手頭頂殺球是可以用來終結得分的方式，也稱之為致勝一擊。使用這必殺絕技的時間點應該是當對手被迫在中場或前場回球時，或是對手位於後場時。殺球是一個得分的好方式，並且失誤率低。

初學者的困難在於擊球點與角度的掌握，而中級者可以穩定地以適當的力道及角度揮拍，並控制方向。

以下為正手頭頂殺球的教導方式：

與正手頭頂高遠球的教學方式相同，但是球拍的角度較前，這樣擊球的角度才能夠將球往下壓。高遠球、吊球與殺球的關鍵差異在於擊球位置。

VIDEO
COMING
SOON

正手頭頂殺球練習

殺球一桶球練習

與一桶球練習一樣的模式，但是打出去的是殺球，目標區介於中場與底線之間。發球的人位於網前，殺球的人若成功率提高，發球的人便可以往後退。在此練習中，發球的人應站在場邊發球。

高遠球一殺球一攔球

當球員對於殺球較熟悉之後，這是一個很好的挑戰。第一擊是高遠球，第二擊是殺球，並由對方攔球。兩位球員可以持續輪流這樣的模式，直到有人犯錯為止。

VIDEO
COMING
SOON

常見正手頭頂殺球錯誤

錯誤	修正方式	修正練習
與球的接觸點不穩定	N/A	殺一桶球練習

輔導技巧

提醒球員，擊球的角度是力道的關鍵。

技能進度：正手頭頂殺球

球員知道如何	不會	有時候	常常
與球的接觸點穩定			
殺出去的球有足夠的力量與正確的角度			
總和			

反手頭頂高遠球

此技能的使用時機通常是對手將球打到反手側的後場角落，是對許多球員來說困難度高的回球方式。讓初學與中級的球員練習反手頭頂高遠球，但是鼓勵他們儘量以正手高遠球的方式回球。

初學者會有非常大的困難確實地在頭頂上揮到球。中級者會碰到球，但是無法以足夠的力道擊出。

以下為教導反手頭頂高遠球的方式：

1. 剛開始時，將球拍轉面對球網。當球員開始成功擊出球，可以試試看身體背對球網打高遠球。
2. 手肘舉高，持拍手於手肘正下方。
3. 由後腳力量往上推至手臂，揮拍出去（手臂揮拍時應向外翻轉）。

4. 與球的接觸點在全身延展出去的最高點。

5. 擊球後，隨球的動作很小，與反手高遠球不同。

VIDEO
COMING
SOON

反手頭頂高遠球練習

皆與正手頭頂高遠球練習相同。

常見反手頭頂殺球錯誤

- 無法在頭頂上扎實擊球

輔導技巧

對於反手頭頂高遠球有困難的球員來說，可以鼓勵他們多練習吊球。記得注意看球員們的前臂旋轉方式與反手揮拍方式。

技能進度：正手頭頂殺球

球員知道如何	不會	有時候	常常
擊球點穩定扎實			
穩定打得到球			
總和			

反手頭頂吊球

　　所有的球員都可以成功地打出反手頭頂吊球，使用的時機通常是對手將球打到反手側的後場角落時。此技能可幫助球員從防備狀態轉成進攻狀態。

　　初學者會有非常大的困難確實地在頭頂上揮到球。中級者會碰到球，但是無法將力道抓好讓球落在對方網前。

　　教導此技能的方式與反手高遠球相似，但是接觸點較後方，擊球力道也小許多。

反手頭頂吊球練習

　　皆與正手頭頂吊球球練習相同。

常見反手頭頂吊球錯誤

- 扎實擊球困難度高

輔導技巧

　　所有的反手擊球方式來說，反手吊球是最好學的。學好反手吊球可以幫助反手高遠球與殺球。

技能進度：反手頭頂殺球

球員知道如何	不會	有時候	常常
於頭頂的擊球點穩定扎實			
穩定打得到球			
總和			

正反手抽平球

羽球抽平球是指擊球點在肩以下部位，以較平的飛行弧線與較快的球速，並以接近球網的高度，還擊到對方場區的一種進攻技術。

初學者通常會將球打得過網太高且力道不足。中級者較可以穩定地以較平的飛行弧線及力道擊球。

正手抽平球

以下為教導正手抽球的方法：

1. 球員位於球場邊界位置，持拍腳在前。
2. 手臂動作像是側手丟東西的樣子，前臂仰轉，掌心朝上。
3. 前臂轉至打擊位置，位於前腳並稍高於球網。
4. 隨球動作會到身體側邊，前臂繼續向後旋轉。

反手抽平球

以下為教導反手抽球的方法：

1. 球員位於球場邊界位置，持拍腳在前。
2. 手臂動作像是側手丟東西的樣子，前臂仰轉，掌心朝下。
3. 前臂轉至打擊位置，位於前腳並稍高於球網。
4. 隨球動作會到身體側邊，前臂繼續向後旋轉。

正反手抽平球練習

一桶球練習

此練習與其他擊球練習一樣，但是球員由中心位置往側前方移動。

正手對正手抽平球練習

兩個人的正手拍在彼此的對面。一個人由中場發球後，兩個人持續來回抽平球，持續越久越好，專注於平的飛行弧線與力道。

常見正反手抽平球錯誤

錯誤	修正練習
球打過高	一桶球練習
力道不夠	正手對正手抽平球練習

輔導技巧

　　一開始特別設置抽平球的教學，但逐漸地將抽平球帶到其他技能練習項目中，球員才知道在比賽中該如何變化使用技巧。

技能進度：正反手抽平球

球員知道如何…	不會	有時候	常常
在適當的高度擊球			
球的飛行弧線與力道都穩定			
總和			

教導策略與練習

皆與正手頭頂吊球球練習相同。

單打策略

- 就標準姿勢。
- 儘量讓球來回打。
- 可能的話,把球打到對手的反手側。
- 讓你的對手前後跑多於左右跑。

雙打策略

- 就標準姿勢。
- 儘量讓球來回打。
- 抓住好機會殺球。
- 遭遇困難時將球打深。

單打練習

低等能力程度

1. 將球打高給自己。
2. 搭擋也配合將球打高。
3. 搭擋將球打回來(有網或無網)。
4. 搭擋發球與回球練習(不管有沒有目標,視不同練習而訂)。
   丟球練習—這個練習適用於不同的技能練習,也可以讓不同的人丟球。接球的人可能被要求練習網前吊球到目標位置。教練可以給予球員重複的練習與修正機會。

中等與高等能力程度

參加單打和／或雙打比賽的運動員需要具備各種組合的基本技能才能成功參加比賽。以下練習訓練對比賽準備很有幫助：

1. 1 x 3 練習（高遠球；吊球；吊球；吊球）—這項練習由下手的高遠球開始，接著頭頂吊球，吊球，吊球。這樣的模式儘量持續，球員能打越久越好，步法與手法也會越熟練。

2. 3 x 2 練習（高遠球；高遠球；高遠球；吊球；吊球）—這項練習由下手的高遠球開始，接著頭頂高遠球，頭頂高遠球，頭頂吊球，網前吊球。重複這樣的模式。

3. 殺球／接殺球練習—這項練習由下手的高遠球開始（打到中場），接著由對方殺球，發球人接殺球至對面網區。重複模式。

4. 鬥網比賽—球員只打鬥網比賽，只能短發，也只能下手回球，並可以由對打計分或是正常計分。所有的球都應該落在球網與發球區之間。邊界可以用單打或雙打的界線。

5. 抽球練習（可以吊球）—由一方球員下手發球，雙方做抽球練習，來回兩次後伺機吊球。一旦吊球開始，就需吊球到對打結束。

6. 一位球員可高遠吊球；一位球員只能高遠球練習—這項練習中，一位球員只能打高遠球，另一位球員可以高遠球或是吊球。

7. 一位球員可高遠球、吊球、殺球；一位球員只能高遠球練習—類似上一項練習，但是加入殺球。

8. 一位球員只可以吊球；一位球員可高遠吊球—類似上兩項練習，但是一位球員持續吊球。

9. 一位球員只可以吊球；一位球員可高遠球、吊球、殺球—類似上一項練習，但是加入殺球。

10. 所有的練習都可以有專注於正手與／或反手的選擇。

11. 可以依照球員的需求打造不同的練習計畫。

雙打練習

低等能力程度

1. 讓兩隊都就雙打發球與接球準備位置。
2. 進行不同的一次來回組合並教導跑場。
3. 進行不同的三拍來回組合並教導跑場。
4. 進行不同的兩次來回組合，或是如果球員準備好，可以試更多的來回組合。
5. 進行雙打練習比賽，並教導換邊發球與計分。

中等能力程度

1. 讓其中一隊發長球、只打守備球（高遠球）並分邊防守，另一隊只打進攻球（殺球與吊球）並前後站。雙打防守時，分邊防守是個好策略，進攻時需前後站。
2. 重複上一項練習，但教導球員如何用推球的方式接殺球。
3. 教導球員如何從分邊防守跑位成前後攻擊位置，可以計分來幫助他們釐清觀念。

羽球教導快速指南

練習時

☐ 模擬比賽
☐ 下達清楚的指令
☐ 由簡單的練習開始，試球員狀況慢慢變難
☐ 確認球員了解你的指令與教導方式
☐ 隨時強調安全

比賽中

☐ 隨時鼓勵球員

□ 不讓球員遭受到或忍受會取消資格的行為

□ 教導球員正確的比賽方式，以及比賽中須注意的禮儀與規則

□ 教導球員尊重對手與隊員

□ 尊重教練的意見與決定

運動計畫範本

　　每位球員都應有屬於他的備賽方式，通常訓練計畫是可以依照球員的需要做調整的。

　　以下為運動計畫的範本：

時間	循序漸進的練習事項
5-10 分鐘	最簡單的對打（每次練習的開場）
5-10 分鐘	動態拉筋（每次練習）
10-15 分鐘	複習技能，反覆練習，有趣的挑戰活動
20-30 分鐘	新技能，反覆練習，有趣的挑戰活動
5-10 分鐘	體能訓練，好玩的體能訓練
5-10 分鐘	收操
5-10 分鐘	問答時間
5 分鐘	宣布事項

練習與比賽中的適配

比賽中，不為了球員的特別需要而改變規則是很重要的事。然而，羽球比賽中有一些規則已被批准做改變，可以滿足球員的特殊需要。教練也可以改變球員的練習方式、溝通方式，以及裝備來幫助他們順利比賽。

改變練習

改變技能的學習方式，讓所有的球員都能參與練習。

配合球員的特殊需求

以下為配合有特殊需求的球員方式：

- 為視障球員提供鈴聲
- 為視障球員提供特別的聲音
- 為聽障球員準備彩旗
- 為聽障球員提供手語

改變溝通方式

不同的球員需要不同的溝通方式。例如，一些球員對學習和示範反應良好，而另一些運動員則需要更多的口頭交流。有些運動員可能需要透過看、聽與讀才能理解一些觀念。

心理準備與訓練

無論是努力做到最好還是與他人競爭，心理訓練對運動員都非常重要。賓州州立大學的布魯斯·黑爾（Bruce D. Hale）所說的心理圖像「無汗習法」非常有效。頭腦無法分辨真實與想像之間的區別；練習就是練習，無論是精神上還是身體上的。

讓球員坐在放鬆的地方，安靜的地方，不要分心。告訴球員閉上雙眼，並在心裡想著一項技能。每個人在心裡想像自己看著自己在電影院

的大螢幕上面打球。逐步引導他們完成各個階段，盡可能多使用細節，使用文字來激發所有的感覺—視覺、聽覺、觸覺和氣味。要求球員重複圖像，成功地進行技能排練。

這個背後的想法是身體會隨心所欲而行。思想是能量，能量是行動。運動員可以先使事情發生在他／她的腦海中，然後再發生在身上。

有些球員需要幫助才能開始這個過程。其他人會學習用這樣的方式練習，在頭腦中表現技能與在球場上表現技能之間的聯繫可能很難解釋。但是，反覆想像自己正確完成一項技能，並認為自己是真正的球員，更有可能實現這一目標。球員的心裡想什麼，都會表現在行動上。

羽球的混合健身

　　混合健身以現代來說，指的是代替比賽中直接涉及的技能以外的其他技能。一開始，混合健身是復健的方式，現在也用於預防傷害。當跑步的人腿部或腳部受傷而無法繼續奔跑時，可以用其他活動替代跑步，幫助運動員保持有氧和肌肉力量。

　　專注在特定運動上的益處有限。「混合健身」的道理是在激烈的運動以及特定訓練期間避免受傷，並保持肌肉平衡。運動成功的關鍵之一是保持健康和長期訓練。混合健身使運動員能夠以更高的熱情和強度進行特定項目的訓練，或者減少受傷的風險。

　　混合健身對羽球球員和所有運動員都是有益的。有幾種運動使用的技能和肌肉群與打羽球相同。騎自行車、跑步、直排輪滑、遠足和散步等有趣的活動可以改善您的整體健康狀況，從中幫助您在羽球上增進。使用手眼協調功能的運動可以提高羽球技能，例如棒球、網球、壁球、擊劍和排球。

居家訓練計畫

　　羽球技能很難在家裡練習，因為大多數的球員家中沒有健身房。但是，沒有風的時候，可以練習一些羽球技能。鼓勵羽球球員進行以下技能和健身活動：

技能活動：

　　1. 正手與反手將球往上打（每天記下最佳紀錄）
　　2. 發遠球。記錄每天發了幾顆球，每天 25 顆是好的紀錄。
　　3. 找搭檔以下手球來回練習打。記錄每日最多下。
　　4. 找搭檔以上手球來回練習打。記錄每日最多下。

健身活動：

1. 每天外出走路、慢跑、溜直排輪或騎自行車 20 分鐘。不同的運動是有益身體的。

2. 與朋友一起跳繩，由 1 至 2 分鐘的間歇逐漸增加到 5 到 10 分鐘。

3. 在地上標記羽球場地的大小，並繞著球場四個角落做不同的動作練習。速度由慢而快，1 至 2 分鐘的間歇。熱身與拉筋後，可以以下的順序健身：

- 3 分鐘慢速
- 2 分鐘中速
- 1 分鐘快速

讓自己逐漸可以重複以上運動三回，這可以增加打羽球時的體力。球員應該要於非練習日每天完成一項健身活動並記錄下來做了哪些運動。

2021 國際特殊奧林匹克運動會 羽球教練指南

羽球規則、制度與禮節

目錄

羽球規則教學

指導羽球規則的最佳時間是在訓練的時候。例如，在練習期間教導球員得分規則能使規則成為比賽中的第二天性，並能讓球員在比賽中獲得更成功的體驗。

作為一項國際體育組織，國際特殊奧林匹克運動會（以下簡稱特奧）已採用並修改了羽球世界聯合會（BWF）的羽球規則，請參閱官方的特奧運動規則。有關特奧協會修改和批准的羽球規則列表，請參考 www.specialolympics.org/sports.aspx。

身為教練，您有責任了解和理解比賽規則，並向您的球員和其他教練教授這些規則。為了幫助您擔負此重責，下面列出了羽球這門運動的管理規則。

官方活動

以下是特奧會中可進行的官方活動列表：

1. 個人技術比賽
2. 單打
3. 雙打
4. 融合雙打
5. 混雙打
6. 融合混雙

賽事範圍的宗旨是在為各種能力的球員提供比賽機會。協會可以決定所提供的賽事以及（如果需要）這些賽事的管理指南。教練需負責為每個不同技能和興趣的球員進行訓練和賽事選擇。

正式運動員協會

正式運動員協會宗旨在協助特奧球員的發展，培養球員各種責任和

判斷是非的能力。球員通常有一位「指導員」教導他如何參與比賽。特奧運動協會應與指導員以及國家行政機構的當地代表一起工作，以指導參與該計劃的特奧球員獲得運動協會認證。

比賽規則

修改項目

1. 特奧的輪椅球員可以選擇從左或右發球區用肩上發球。
2. 特奧的輪椅球員發球區域將縮短為原本距離的一半。

融合雙打

1. 每個融合運動雙打隊應由一名球員和一名夥伴組成。
2. 每個隊伍應確定自己的發球順序和場地選擇。

個人技能比賽

手餵球

1. 餵球者（通常是教練）手臂一次抱著五顆羽球，然後一次將一顆球丟向球員，就像擲飛鏢一樣。
2. 球員嘗試用球拍擊打球，每次擊打成功均獲得 1 分。

球拍餵球（上手擊球）

1. 餵球者（通常是教練）手臂一次抱著五顆球，一次一次用球拍打擊將球從高空送向球員。
2. 如果球員擊中球，將獲得 1 分。
3. 無論球員錯過或是有擊中球，餵球者都會立即發下一顆球，而計數繼續。

VIDEO
COMING
SOON

向上擊球比賽

1. 球員反覆將羽球打向空中。

2. 在 30 秒的時間範圍內，每次擊球都會獲得 1 分。

3. 如果球掉下來時落到地板上，則會發出另一顆球，並繼續計數。

正手揮拍

1. 球員站在距離網子 2 英呎的地方，餵球員（教練）位於網子的另一側。

2. 餵球員使用低手發球，將球打擊至球員的正手側。

3. 每位球員有五次嘗試機會，每一次成功的用正手擊球，將球打過網到對邊球場，均可獲得 1 分。

VIDEO
COMING
SOON

反手揮拍

與正手揮拍的規則和分數計算方式相同，除了餵球員是將球打擊至球員的反手側以外。

發球

1. 每位球員有五次不分邊的發球機會。

2. 如果球員無法使用低手發球，其可以用高手發球。

3. 每一次發球至正確的發球區都可以得到 10 分。

4. 若發球落至發球區以外，將不予給分。

最終成績

最終成績即為將前六項個人比賽的分數加總，合計為一個數字。

比賽開始

擲硬幣、旋轉球拍或擲球看頭指向哪邊。獲勝者有以下選擇之一，

而失敗者可另一選擇：

- 先發球
- 先接球
- 場地選擇

比賽開始時在球場上的位置

發球員位於右側的發球區內，接球員站在對面右側的發球區內。夥伴可以站在同一方的任何位置，只要他們不會阻擋接球員的視線即可。

整個比賽中的發球位置

單打—如果發球員得分為偶數，則發球員在右側。如果發球員的分數為奇數，則發球員位於左側（分數偶數為 0、2、4 等，奇數為 1、3、5 等）。

雙打—當一支球隊的得分為偶數時，該球員處於比賽開始的位置。當球隊的得分為奇數時，球員位置為相反。

開始比賽

位於右側的發球員將球發至對面接球員所在的右邊。在發球員擊球之前接球員不得移動。

發球員必須

- 確保他／她腳的部分在地板上（例如，不要邊走邊發球）。
- 首先擊中球的球頭。
- 從發球員腰以下的位置擊球。
- 用球拍的拍頭打擊球，且擊球點需低於發球員的手臂，包括手指。
- 發球時，以連續不中斷地動作向前移動球拍。

得分

只有在發球員方的得分才有算計分。

比賽中

單打—如果發球員贏得此回合，他／她得了 1 分，並左右發球區換邊繼續發球。如果他／她輸了，則換對手發球。

雙打—如果發球的團隊得分，則發球員將與他的搭檔換邊並繼續發球。如果團隊失分，則換由搭檔發球。當球隊輸掉兩個回合，發球權會交給對手。

特例—在每場新的雙打比賽中，在第一局中只有一名球員在比賽中發球。

發球員或接球員站在錯誤的一側

如果在該回合結束前發現此狀況，或者如果犯錯的球員贏得了該回合，則該回合重打。如果犯錯的球員輸掉該回合，則分數保持不變。這種情況下，球員需停留在錯誤的一側。如果下一回合已經發球，比分將保持不變，球員們將在錯誤的一側繼續比賽。

比賽中的重大失誤

- 球降落在場地邊界之外。
- 在比賽中，球員、球拍、或衣物接觸網子。
- 球在網的一側被擊中兩次以上。
- 接球員的搭檔接了發球。
- 發球員沒有打中發球。

回合從發球開始到以下狀況發生時才算結束：

- 球掉地上
- 球打到天花板或是懸吊物將視為出界
- 球打到衣物
- 球觸打擊方的網並落在打擊方

回合重算

- 球過網，鉤到對方的網子並卡在上面落不下來
- 外部干擾—例如：別的球場的球落球場上到或落在球場附近

比賽結束

　　對於女單來說，第一個獲得 11 分的球員勝利。到達 10 分時，第一個達到 10 分的球員可以選擇是否要再賽。不再賽表示打到 11 分。再賽表示第一個獲得 3 分（13 分）為勝利的人。所有其他比賽均為 15 分。第一個達到 14 分的球員可以選擇再賽或不再賽。不再賽表示打到 15 分。再賽表示第一個獲得 3 分（17 分）為勝利的人。

　　第一場比賽的贏家予以在下一局比賽中優先發球。在三局比賽制度中，第二局的贏家比賽結束後會換場地，並在下一局先發球。在第三局比賽中，除了女單比賽中球員會在 6 分的時候交換場地，其餘的比賽會在 8 分時交換場地。

一些潛規則

　　在沒有裁判的比賽中，每位球員僅負責在自己場地上的審視。球員無權更正對手在其場地方的審視。如果球落在離中線很近的位置，以至於無法確定球是界內還是出界，則應該判為界內。不要說「我不知道」，而要對手答覆或期望對手去審視。但是，如果球員清楚地看到自己的球落在了對手的界外，那麼其應該說：「我出界了，這分是您的。」若在已經知道球其實出界了的狀況下接受誤判的分數，將視為作弊。如果確實在沒有裁判時發生這種情況，或是球員可以確信對手在比賽中判斷錯了界線或所得分數，其應向裁判或比賽經理要求一名主裁判並暫停比賽直到有裁判到達。比賽中盡力而為，但要公平。

取消資格規則

根據國家和國際規則，球員或球隊可能因蓄意拖延比賽、持續犯規、公然犯規、或具有進攻性行為而被取消比賽資格。這些行為可能構成警告、計分處罰、比賽處罰和取消比賽資格。

融合運動® 規則

融合運動® 競賽的規則與官方特奧運動規則中紀錄的規則和規則書中概述的修改之間幾乎沒有區別。新增內容如下：

1. 名冊由一定比例的球員和夥伴組成。
2. 在團隊運動中，比賽分組是基於名冊上能力最強的球員，而不是所有球員的平均能力。
3. 團隊運動必須有成年並且沒有參賽的教練，並不允許教練兼任球員。

融合運動羽球旨在通過將智能障礙人士、夥伴與不同團隊中的人聚集在同一個團隊做平等的隊友，來進一步促進智能障礙人士的主流化。當隊友年齡和能力大致相同時，所有隊友之間的平等性就會增強，故選擇年齡和能力相近的球員和夥伴對於融合體育羽球的訓練和比賽是至關重要的。

融合運動中非常重要的一點是，夥伴需了解他們在團隊和特殊奧林匹克運動中的角色。融合運動夥伴在選手中不能表現突出或是強勢，也不能展示自己的才華。好的夥伴是能與球員同場競技並具有相等能力的夥伴。在理想的世界中，要區分球員和融合運動夥伴的貢獻是很困難的一件事。

抗議

　　抗議程序受競賽規則約束。比賽管理團隊的工作是執行所訂下的規則。作為教練，對球員的責任是對認為比賽中發生的任何動作或事件違反羽球官方規則的時候要提出抗議。請勿因教練和球員未能獲得理想的結果進行抗議，這一點非常重要。抗議是嚴重的事情且會影響比賽的時間表。比賽前與比賽經理聯繫，以了解該比賽的抗議程序。

　　如果發生抗議，主教練必須填寫抗議表格。該表格可在體育詢問處（SID）獲得。抗議必須在比賽結束後 30 分鐘內提交。

抗議和上訴程序

　　只有總教練或指定的已註冊教練（沒有總教練的狀況下）可以提出抗議。所有表格必須完整填寫，並應包含以下資訊：

- 日期
- 提交時間
- 體育項目、賽事、年齡組
- 球員的名字與代表團
- 抗議的理由（條列違反了哪條官方特奧規則的特定規則）
- 教練的簽名

　　提出抗議後，特定體育陪審團將作出裁決。該陪審團由技術代表、體育經理和首席官員組成。陪審團做出決定後，教練可以接受該裁定或是上訴至世界運動會陪審團。世界運動會陪審團的申訴將包括奧運會組委會（GOC）的代表、特奧會的代表和技術官員。世界運動會陪審團的所有決定均為最終決定。涉及主審判的決定之抗議都將不予考慮。

羽球制度與禮節

練習期間

良好的羽球禮節和規程始於練習期間。教導球員良好的運動精神，以及對裁判、隊友、對手和志工的尊重，這些都將延伸到實際比賽進行的時候。教練的角色將設定整個團隊遵循的標準，所以應始終努力樹立好榜樣。

練習時，請確保球員遵守他們應在比賽中遵守的規則。球員越了解規則，他們就越能很好地理解裁判的審判結果。在練習中持續地加入判斷球的技能會減少比賽中的混亂和挫敗感。應在練習中開始尊重裁判和其他競爭對手，其教練需要設定高標準的運動家精神。

比賽中

羽球是一項極富競爭性的運動，且最能表現出很多積極的情緒。保持情緒的控制並引導良好的運動精神可能對教練來說可能是個挑戰。以下是可以與球員分享的一些重要提示：

1. 記住並尊重比賽規則。
2. 尊重對手、隊友、裁判、觀眾、官方人士、教練和融合夥伴。
3. 在比賽中記得常補充水份或運動飲料。

運動家精神

「勇敢嘗試、爭取勝利。」

良好的運動家精神同時是教練和球員對公平競賽、道德行為和正直的承諾。在知覺和實際狀況中,運動家精神被定義為對他人慷慨和對他人給予真正關心的素質。下面我們重點介紹一些有關如何向球員傳授運動家精神的訓練和觀點。

努力競爭

- 在每次比賽中都要全力以赴。
- 練習以與在比賽中表現相同的強度來練習技能。
- 永遠完成比賽—永不放棄。

始終公平競爭

- 始終遵守規則
- 始終展現運動家精神和公平競賽
- 始終尊重裁判的決定

教練的標準

- 始終為球員和粉絲樹立榜樣。
- 指導球員正確的運動家精神責任並要求他們將運動家精神和道德為首要之務。
- 積極正向的增強球員的表現。
- 尊重裁判的判斷,遵守比賽規則,不表現任何可能煽動粉絲之舉動。
- 尊重對方教練、領隊者、球員和球迷。
- 在公共場合與裁判和對手教練握手。
- 對不遵守體育道德標準的球員制定和執行處罰。

對球員和對融合運動® 夥伴的期望

- 尊重隊友。
- 在隊友犯錯時鼓勵他們。
- 尊重對手：於比賽前和比賽后握手。
- 尊重比賽裁判的判斷。遵守比賽規則，不表現任何可能煽動球迷的行為。
- 與裁判、教練、主辦及其他參與者合作進行公平競賽。
- 如果另一個團隊表現不良，請勿報復（口頭或身體上）。
- 認真接受特奧會代表的責任和特權。
- 將勝利定義為竭盡全力。
- 達到教練所確立的高水準運動精神。

輔導技巧

- 教您的球員尊重裁判及其決定。
- 教您的球員遵守規則下，努力比賽。
- 向球員傳授羽球的規則。
- 每次比賽或練習後給予運動家精神獎或認可。
- 當球員表現體運動家精神時，要記得讚揚他們。

備註

- 運動家精神是一種可以通過教練和球員在比賽前、比賽中和比賽後的表現來體現的態度。
- 積極正向的參與競爭。
- 尊重對手和自己。
- 即使感到生氣或氣憤，也要始終保持自制能力。

羽球詞彙集

詞彙	定義
Alley 狹長地帶	單打線與雙打線間的比賽區域。
Backhand 反手	從身體的非慣用手所擊的球。
Backswing 向後揮拍	在球拍向前揮動之前，將球拍帶到擊球初期的揮拍動作。
Baseline 底線	比賽場地末端的界線。
Bird 羽球	比賽中用來打擊的物體，也稱羽球或球。
Clear 高遠球	一個高且深的擊球，接近對手的底線。
Crosscourt 對角線	指從與球接觸的點開始，處於對角線位置的射擊方向。
Double Hit 連擊	在一次擊球中擊了兩次，歸類為犯規。
Doubles Service Court 雙打發球區	在雙打比賽中發球必須落入的發球區空間。它是包含短發球線、雙打的長發球線、中線和雙打邊線之間的空間。
Drive 抽球	抽重擊的球，通常會以平坦軌道飛過網。
Drop Shot 切球	頭頂擊球或下手擊球，其擊中方式使球飛至靠近對手方的球網。 VIDEO COMING SOON
Fault 犯規	違反比賽規則。
Follow-through 引拍	球打擊出去後任何其餘的揮拍動作。
Forehand 正手	慣用手所擊的球。
Forehand Grip 正手握拍	也稱為握手握拍，用於所有正手打擊。
Game 比賽	以一名球員的到達特定分數時所結束的競賽。 女子單打通常 11 分獲勝，所有其他賽事為獲得 15 分。
Hairpin Drop Shot 放小球	在靠近網子的位置放小球。

詞彙	定義
Hands Down 失去發球權	指雙打比賽中同一隊的第一次或第二次發球機會。失去第一發球權代表一位球員失去了他或她的發球機會。失去第二發球權代表第二個球員失去了發球機會。在發球時，這些被稱為第一發球權或第二發球權。失去第二發球權表示下一球為對手發球。
International Badminton Federation （I.B.F.）羽球世界總會	羽球運動的世界管理機構。
Let 回合重計	重比上一回合。
Match 場	通常為三戰兩勝制。
Match Point 賽末點	比賽可以獲勝的那 1 分。
Overhead 頭頂球	在頭頂以上的位置擊球。
Rally 回合	在兩名選手（單打）或四名選手（雙打）之間進行連續擊球交換，直到球落入界外或沒有從網子上回來。
Ready Position 準備姿勢	準備開始比賽或練習回合的身體姿勢。通常在這個姿勢會呈現膝蓋彎曲、球拍抬起並準備比賽。　　　**VIDEO COMING SOON**
Receiver 接球員	接發球的球員。
Server 發球員	發球的球員。
Service Over 換發球	發球員失去發球的機會，換對手發球。
Setting 再賽	球員在任何比賽中某時間點所給予的選擇。女子單打比賽的是設定在 10 - 10，所有其他賽事均設置於 14 - 14。如果一場比賽以 10 分或 14 分平手，則接收方可以有兩個選項。選項 1（不再賽）表示獲得下 1 分的人將贏得比賽。選項 2（再賽）表示第一個得下 3 分的人或團隊獲將贏得比賽。

詞彙	定義
Short Service Line 前發球線	執行發球時，球必須降落的邊界線。
Side Out 換邊發球	失去發球權，和換邊發球與失去第二發球權一樣。
Singles Service Court 單打發球區	包含短發球線、底線、中線和單打邊線之間的空間。
Smash 扣殺	重擊，向下傾斜的過頭快球，旨在結束回合，也稱為殺球。
U.S.A Badminton 美國羽球公開賽	美國羽球的國家管理機構。

特殊奧林匹克：
羽球——運動項目介紹、規格及教練指導準則
Badminton：Special Olympics Coaching Guide

作　　　者／國際特奧會（Special Olympics International，SOI）
翻　　　譯／L.C.
出 版 統 籌／中華台北特奧會（Special Olympics Chinese Taipei，SOCT）

總 編 輯／賈俊國
副 總 編 輯／蘇士尹
編　　　輯／高懿萩
行 銷 企 畫／張莉滎・蕭羽猜・黃欣

發 行 人／何飛鵬
出　　　版／布克文化出版事業部
　　　　　　台北市中山區民生東路二段 141 號 8 樓
　　　　　　電話：(02)2500-7008 傳真：(02)2502-7676
　　　　　　Email：sbooker.service@cite.com.tw
發　　　行／英屬蓋曼群島商家庭傳媒股份有限公司城邦分公司
　　　　　　台北市中山區民生東路二段 141 號 2 樓
　　　　　　書虫客服服務專線：(02)2500-7718；2500-7719
　　　　　　24 小時傳真專線：(02)2500-1990；2500-1991
　　　　　　劃撥帳號：19863813；戶名：書虫股份有限公司
　　　　　　讀者服務信箱：service@readingclub.com.tw
香港發行所／城邦（香港）出版集團有限公司
　　　　　　香港灣仔駱克道 193 號東超商業中心 1 樓
　　　　　　電話：+852-2508-6231　　傳真：+852-2578-9337
　　　　　　Email：hkcite@biznetvigator.com
馬新發行所／城邦（馬新）出版集團 Cité (M) Sdn. Bhd.
　　　　　　41, Jalan Radin Anum, Bandar Baru Sri Petaling,
　　　　　　57000 Kuala Lumpur, Malaysia
　　　　　　電話：+603- 9057-8822　　傳真：+603- 9057-6622
　　　　　　Email：cite@cite.com.my
印　　　刷／韋懋實業有限公司
初　　　版／2022 年 12 月
售　　　價／新台幣 200 元
I S B N／978-626-7256-23-7
E I S B N／978-626-7256-05-3（EPUB）

城邦讀書花園
www.cite.com.tw　布克文化 WWW.SBOOKER.COM.TW